Impressum

Verlag: BABADADA GmbH, Nedderfeld 112 , 22529 Hamburg

Geschäftsführer / Verlagsleitung: Harald Hof

Druck: Books on Demand GmbH, In de Tarpen 42, 22848 Norderstedt

Imprint

Publisher: BABADADA GmbH, Nedderfeld 112 , 22529 Hamburg, Germany

Managing Director / Publishing direction: Harald Hof

Print: Books on Demand GmbH, In de Tarpen 42, 22848 Norderstedt, Germany

мәктәп

школа

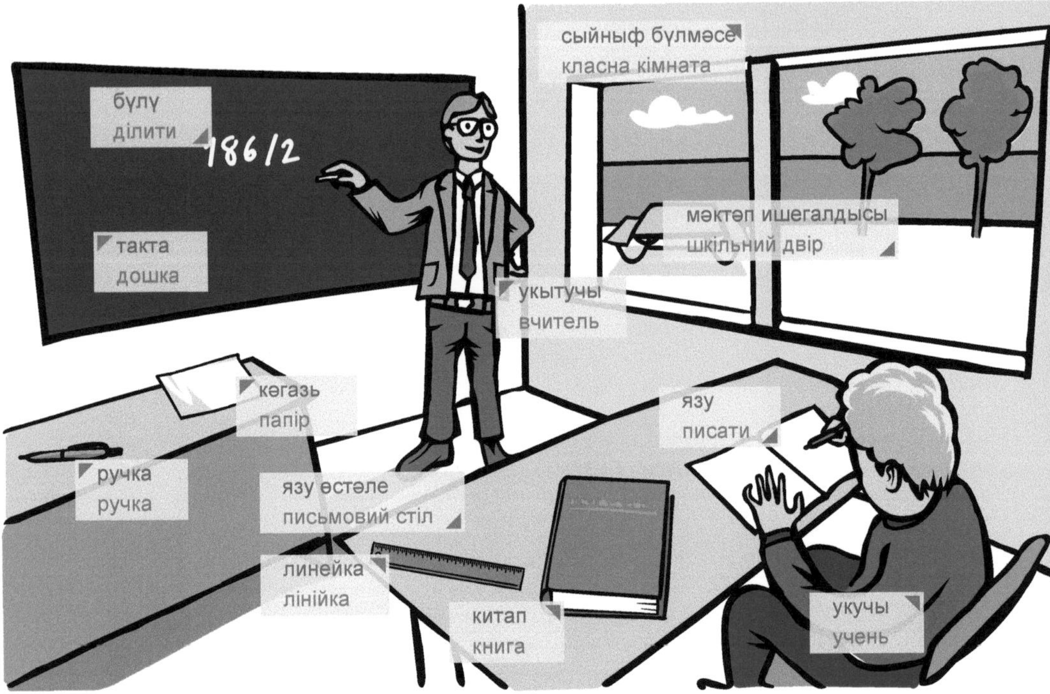
сыйныф бүлмәсе
класна кімната
бүлү
ділити
186/2
такта
дошка
мәктәп ишегалдысы
шкільний двір
укытучы
вчитель
кәгазь
папір
язу
писати
ручка
ручка
язу өстәле
письмовий стіл
линейка
лінійка
китап
книга
укучы
учень

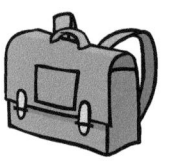

букча

ранець

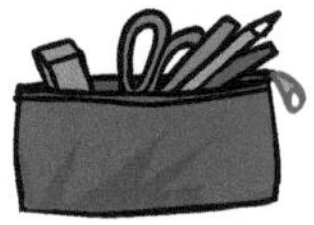

пенал

пенал

каләм

олівець

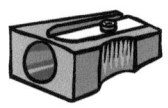

каләм очлагыч

точило

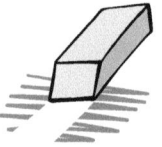

бетергеч

гумка

рәсем ясау өчен альбом

альбом для малювання

рәсем

малюнок

кисточка

пензель

буяулар тартмасы

коробка фарб

кайчы

ножиці

җилем

клей

дәфтәр

зошит

өйгә эш

домашнє завдання

12

сан

число

2+2

кушу

додавати

5-2

алу

віднімати

2×2

тапкырлау

множити

исәпләү

рахувати

A

хәреф

літера

ABCDEFG
HIJKLMN
OPQRSTU
VWXYZ

алфавит

абетка

hello

сүз

слово

текст

текст

уку

читати

акбур

крейда

дәрес

година

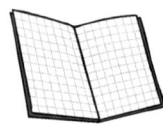

сыйныф журналы

класний журнал

имтихан

екзамен

диплом

диплом

мәктәп формасы

шкільна форма

мәгариф

освіта

энциклопедия

лексикон

университет

університет

микроскоп

мікроскоп

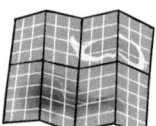

карта

карта

кәгазь өчен кәрҗин

кошик для паперу

сәяхәт

подорож

кунакханә
готель
Grand
турбаза
турбаза
ROOMS
EXCHANGE
валюта алмаштыру пункты
обмінний пункт
чемодан
валіза
автомобиль
автомобіль

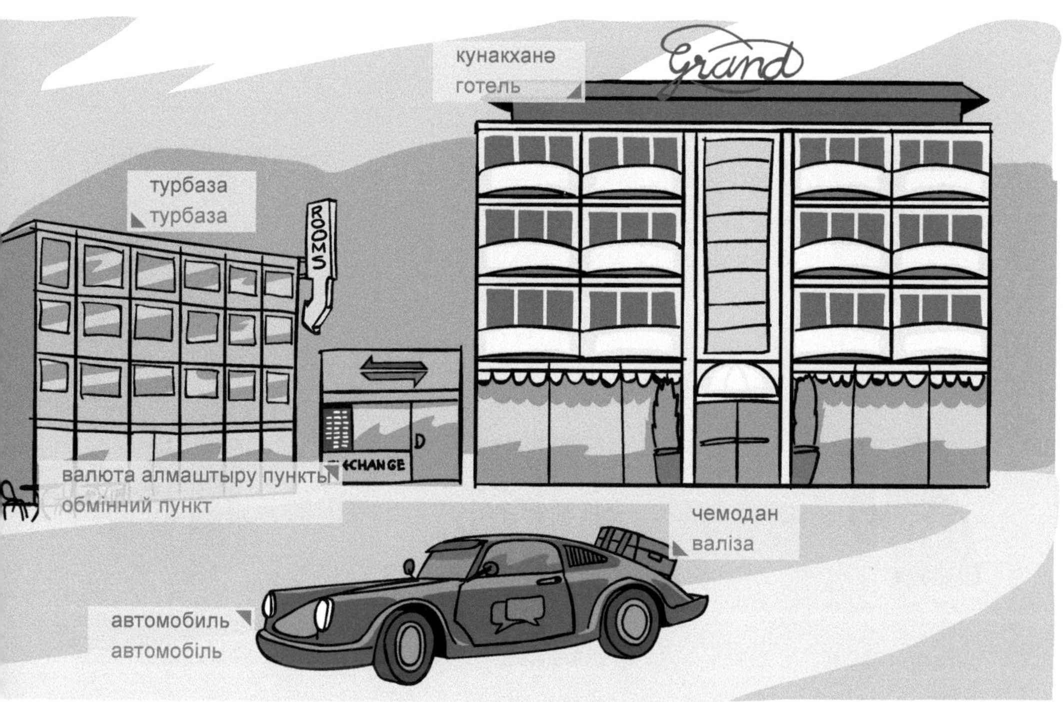

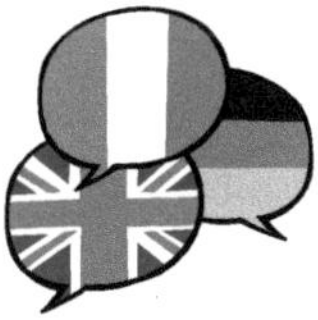

тел

мова

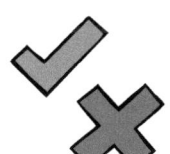

әйе / юк

так / ні

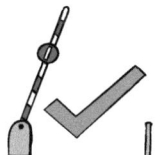

яхшы

добре

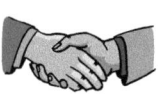

сәлам

привіт

тәрҗемәче

перекладач

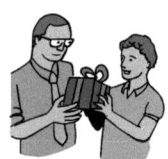

Рәхмәт

дякую

Күпме тора...?

Скільки коштує ...?

Мин аңламыйм

Я не розумію

проблема

проблема

Хәерле кич!

Добрий вечір!

Хәерле иртә!

Доброго ранку!

Тыныч йокы!

На добраніч!

хушыгыз

До побачення

юнәлеш

напрямок

багаж

багаж

букча

сумка

рюкзак

рюкзак

кунак

гість

бүлмә

кімната

йоклар өчен капчык

спальний мішок

палатка

намет

туристик мәгълүмат

туристична інформація

пляж

пляж

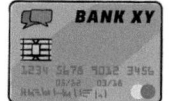

кредит картасы

кредитна картка

иртәнге аш

сніданок

төш

обід

кичке аш

вечеря

билет

квиток

лифт

ліфт

почта маркасы

поштова марка

чик

межа

таможня

митниця

илчелек

посольство

виза

віза

паспорт

паспорт

сәяхәт - подорож

транспорт

транспорт

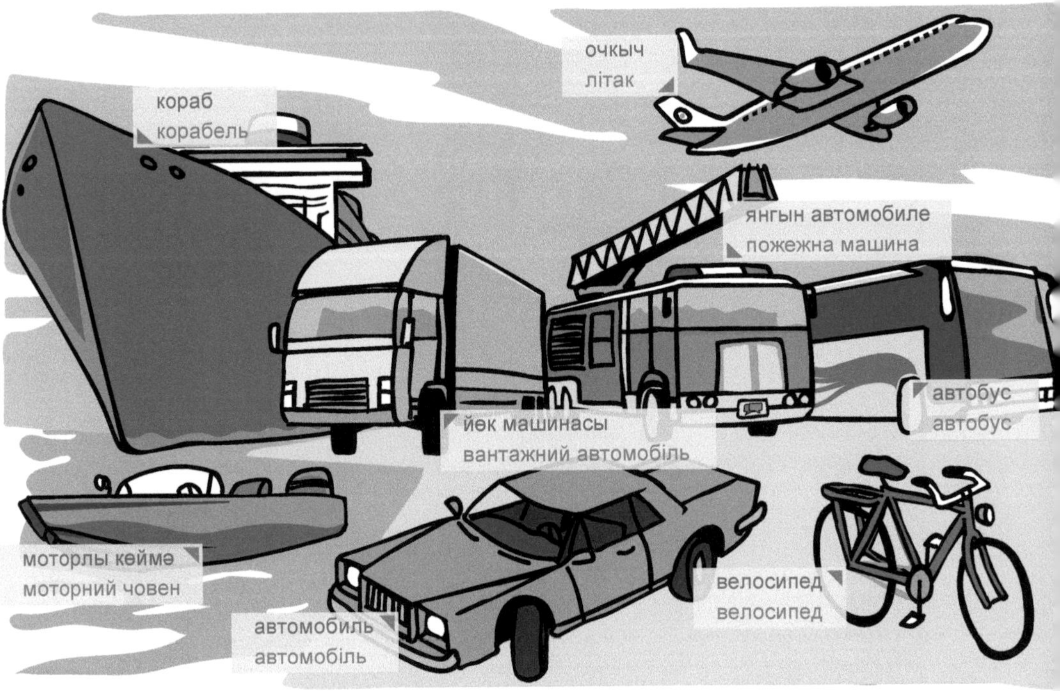
очкыч
літак
кораб
корабель
янгын автомобиле
пожежна машина
автобус
автобус
йөк машинасы
вантажний автомобіль
моторлы көймә
моторний човен
велосипед
велосипед
автомобиль
автомобіль

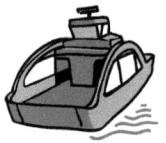

паром

пором

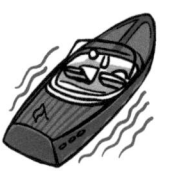

көймә

човен

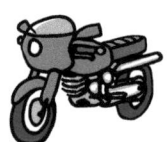

мотоцикл

мотоцикл

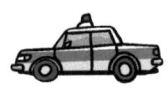

полиция автомобиле

поліцейська машина

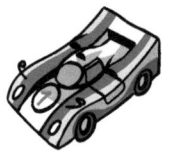

узыш автомобиле

гоночний автомобіль

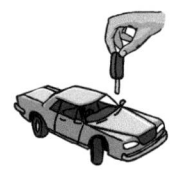

вакытлыча алып торган автомобиль

автомобіль на прокат

Автомобильләр белән
уртак файдалану
....
спільне користування авто

буксирлау автомобиле
....
евакуатор

чүп ташучы
....
сміттєвоз

двигатель
....
двигун

ягулык
....
паливо

заправка
....
автозаправна станція

юл билгесе
....
дорожній знак

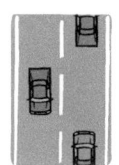

хәрәкәт
....
рух

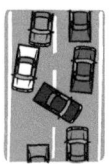

бөке
....
затор

автомобиль тукталышы
....
стоянка

вокзал
....
вокзал

рельслар
....
рейки

поезд
....
потяг

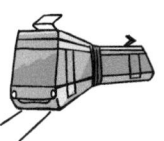

трамвай
....
трамвай

вагон
....
вагон

вертолет

гелікоптер

аэропорт

аеропорт

каланча

вежа

юлчы

пасажир

контейнер

контейнер

тартма

коробка

арба

візок

кәрзинкә

кошик

очу / җиргә төшү

стартувати / приземлятися

шәһәр

місто

авыл

село

шәһәр үзәге

центр міста

йорт

дім

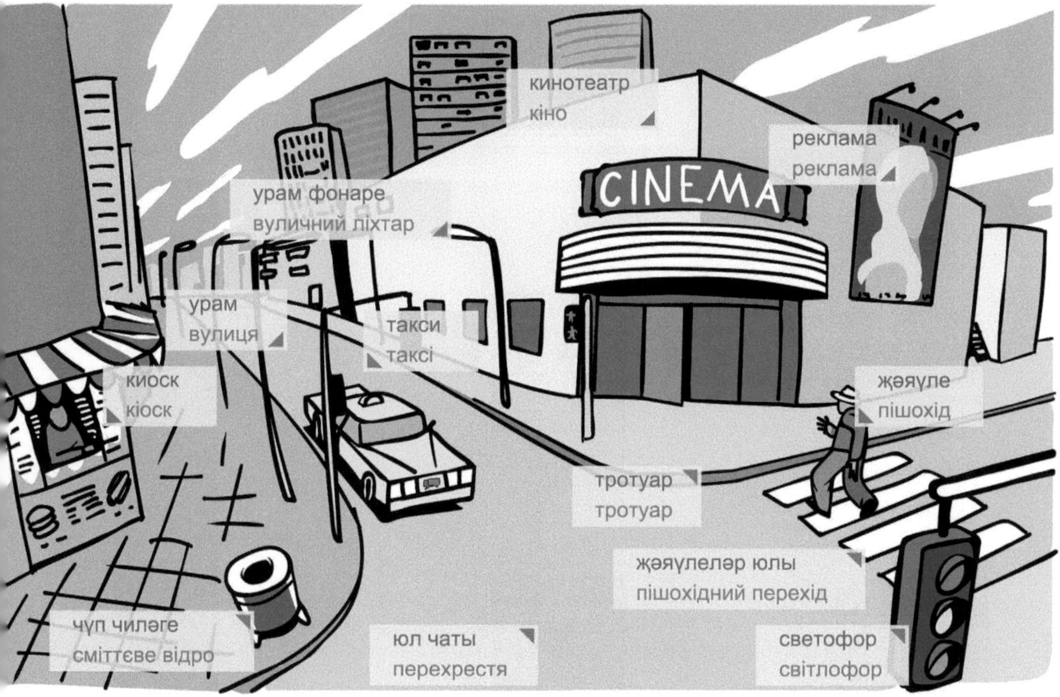

кинотеатр
кіно
реклама
реклама
CINEMA
урам фонаре
вуличний ліхтар
урам
вулиця
такси
таксі
киоск
кіоск
җәяүле
пішохід
тротуар
тротуар
җәяүлеләр юлы
пішохідний перехід
чүп чиләге
сміттєве відро
юл чаты
перехрестя
светофор
світлофор

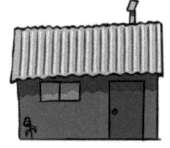

алачык

хатина

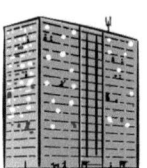

фатир

квартира

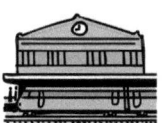

вокзал

вокзал

ратуша

ратуша

MUSEUM

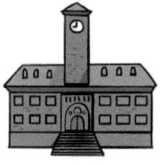

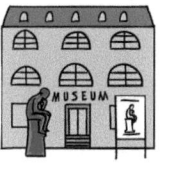

музей

музей

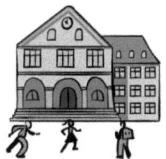

мәктәп

школа

университет
університет

банк
банк

хастаханә
лікарня

кунакханә
готель

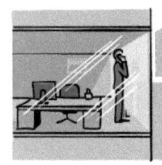

даруханә
аптека

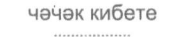

офис
офіс

китап кибете
книжковий магазин

кибет
магазин

чәчәк кибете
квітковий магазин

супермаркет
супермаркет

базар
ринок

универмаг
універмаг

балык кибете
торговець рибою

сәүдә үзәге
торговельний центр

порт
гавань

шәһәр - місто

парк

парк

эскәмия

лава

күпер

міст

баскыч

сходи

метро

метро

тоннель

тунель

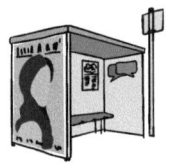

автобус тукталышы

автобусна зупинка

бар

бар

ресторан

ресторан

почта тартмасы

поштова скринька

урам исеме язылган такта

вулична табличка

паркометр

лічильник паркування

зоопарк

зоопарк

бассейн

басейн

мәчет

мечеть

ферма
ферма

әйләнә-тирә мохитне
пычрату

забруднення
навколишнього
середовища

зират
кладовище

чиркәү
церква

балалар мәйданчыгы
дитячий майданчик

гыйбадәтханә
храм

ландшафт
ландшафт

бит
листок

юл күрсәткече
вказівний стовп

юл
шлях

болын
луг

таш
камінь

агач
дерево

сәяхәтче
мандрівник

елга
річка

үлән
трава

чәчәк
квітка

үзән

долина

тау

гора

күл

озеро

урман

ліс

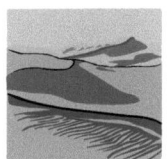

чүл

пустеля

вулкан

вулкан

йозак

замок

салават күпере

веселка

гөмбә

гриб

пальма

пальма

черки

комар

чебен

муха

кырмыска

мурашка

корт

бджола

үрмәкүч

павук

ландшафт - ландшафт

коңгыз
жук

бака
жаба

тиен
вивірка

керпе
їжак

куян
заєць

ябалак
сова

кош
птах

аккош
лебідь

кабан дуңгызы
кабан

болан
олень

поши
лось

буа
гребля

жил генераторы
вітряк

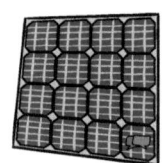

кояш батареясы
сонячний модуль

климат
клімат

официант
офіціант

меню
меню

утыргыч
стілець

пицца
піца

аш
суп

ашъяулык
скатертина

ашханә приборлары
столові прилади

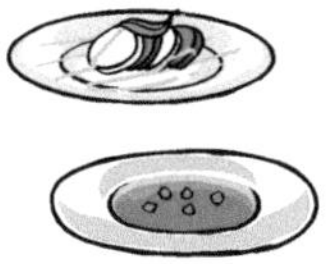

кабымлык

закуска

тѳп ашамлык

друга страва

десерт

десерт

эчемлеклэр

напої

азык

їжа

шешэ

пляшка

фастфуд

фаст-фуд

чәйнек

чайник

урам ризыгы

вулична їжа

шикәр савыты

цукорниця

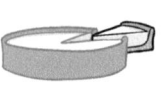

күләм

порція

кофе кайнаткыч

еспресо-машина

балалар урындыгы

високий стільчик

исәпләү

рахунок

поднос

піднос

пычак

ніж

чәнечке

вилка

кашык

ложка

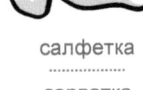

чәй кашыгы

чайна ложка

салфетка

серветка

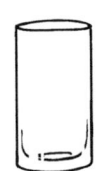

стакан

склянка

тәлинкә

тарілка

аш тәлинкәсе

тарілка для супу

чәй тәлинкәсе

блюдце

соус

соус

тоз савыты

солонка

борыч ваклагыч

млин для перцю

серкә

оцет

сыек май

масло

тәмләткеч

спеції

кетчуп

кетчуп

горчица

гірчиця

майонез

майонез

супермаркет

супермаркет

махсус тәкъдим
пропозиція
FOR
сатып алучы
клієнт
сөт продуктлары
молочні продукти
җимешләр
фрукти
кибеттәге арба
візок для покупок

BUTCHERS

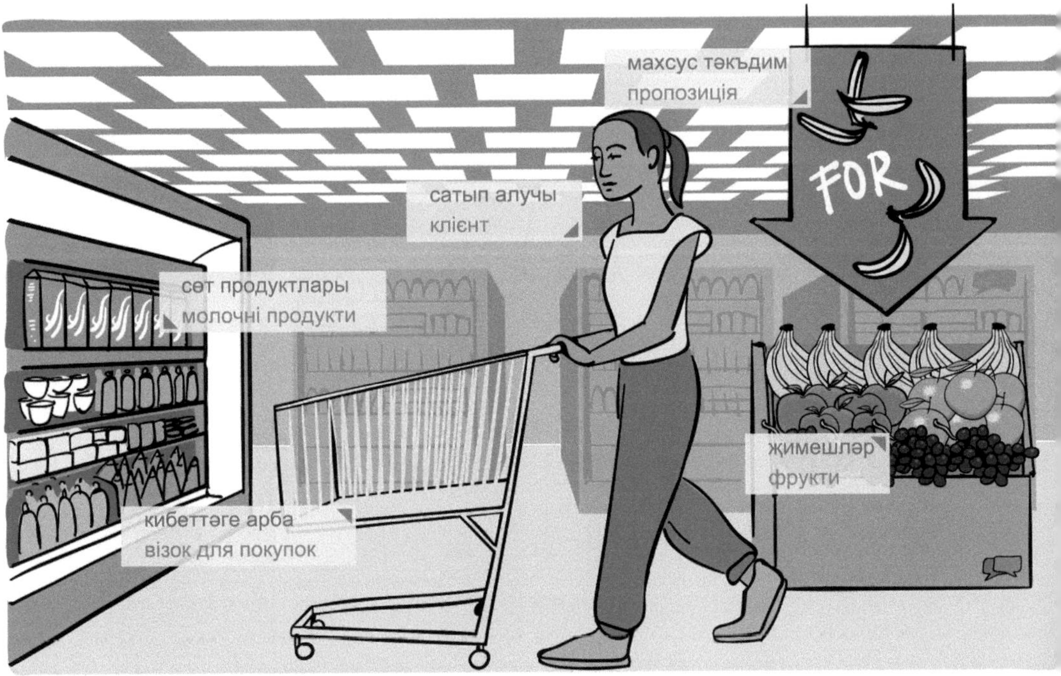

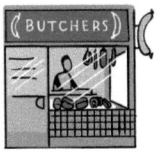

ит кибете

м'ясний магазин

BAKERY

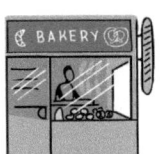

икмәк пешерү йорты

пекарня

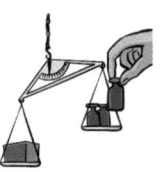

килү

зважувати

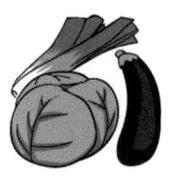

яшелчә

овочі

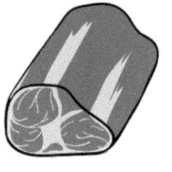

ит

м'ясо

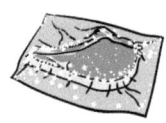

туңдырылган продуктлар

заморожені продукти

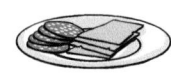

кисәкле ит
ковбасна нарізка

консервалар
консерви

кер юу порошогы
пральний порошок

тәм-томнар
солодощи

көнкүреш җиһазлары
предмети домашнього
побуту

юу әйбере
мийний засіб

хатын-кыз сатучы
продавщиця

касса
каса

кассир
касир

сатып алган әйберләрнең
исемлеге
список покупок

эш вакыты
часи роботи

бумажник
гаманець

кредит картасы
кредитна картка

букча
сумка

полиэтилен пакет
поліетиленовий пакет

су

вода

сок

сік

сөт

молоко

кока-кола

кола

шәраб

вино

сыра

пиво

хәмер

алкоголь

какао

какао

чәй

чай

кофе

кава

эспрессо

еспресо

капучино

капучіно

банан

банан

алма

яблуко

әфлисун

апельсин

карбыз

кавун

лимон

лимон

кишер

морква

сарымсак

часник

бамбук

бамбук

суган

цибуля

гөмбә

гриб

чикләвекләр

горішки

токмач

локшина

спагетти

спагеті

дөге

рис

салат

салат

чипсы

картопля фрі

кыздырылган бәрәңге

смажена картопля

пицца

піца

гамбургер

гамбургер

сэндвич

бутерброд

котлет

шніцель

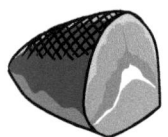

ветчина

шинка

салями

салямі

сосиска

ковбаса

тавык

курка

кыздырма

печеня

балык

риба

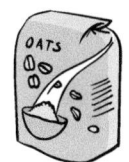

солы кисәкләре

вівсяні пластівці

мюсли

мюслі

кукуруз кисәкләре

кукурудзяні пластівці

он

борошно

круассан

круасан

булка

булочка

икмәк

хліб

тост

тостовий хліб

печенье

печиво

май

масло

эремчек

сир

пирог

пиріг

йомырка

яйце

йомырка тәбәсе

яєчня

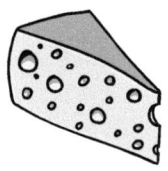

сыр

сир

туңдырма

морозиво

шикәр

цукор

бал

мед

кайнатма

мармелад

шоколадлы паста

нуга-крем

карри

карі

ферма
ферма

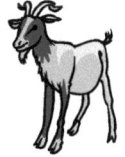

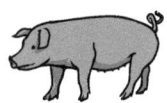

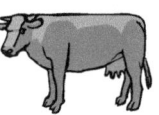

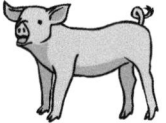

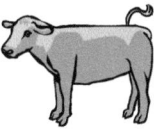

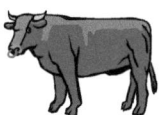

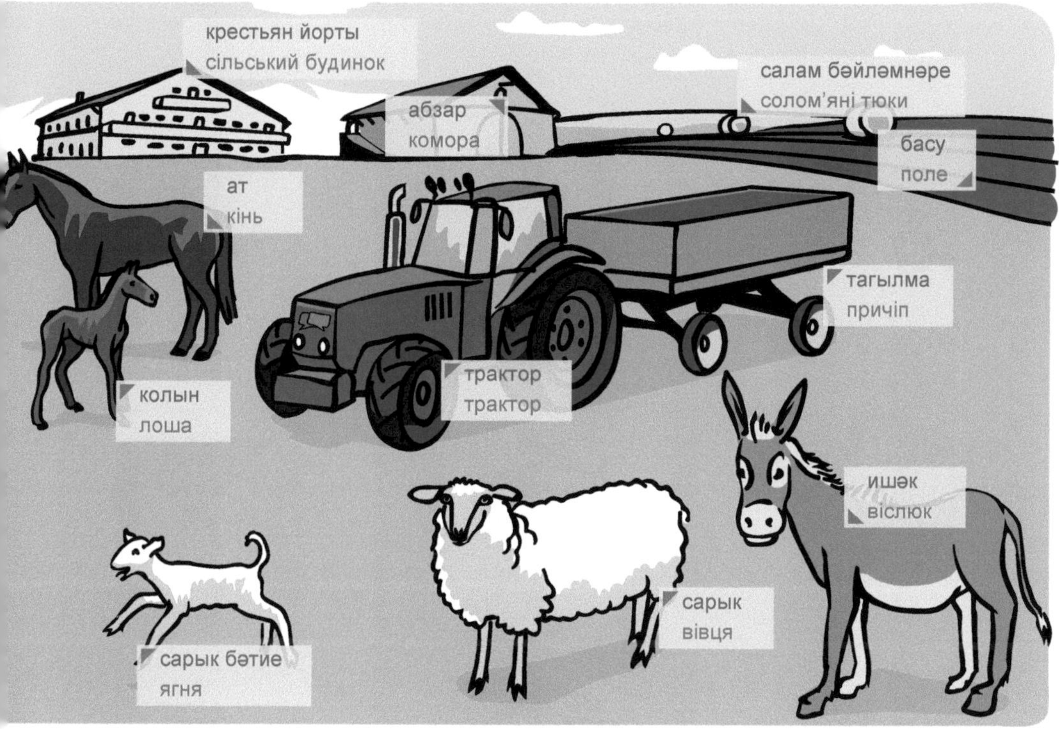
крестьян йорты
сільський будинок
салам бәйләмнәре
солом'яні тюки
абзар
комора
басу
поле
ат
кінь
тагылма
причіп
колын
лоша
трактор
трактор
ишәк
віслюк
сарык
вівця
сарык бәтие
ягня

кәҗә

коза

сыер

корова

бозау

теля

дуңгыз

свиня

дуңгыз баласы

порося

үгез

бик

каз
гусак

үрдәк
качка

чеби
курча

тавык
курка

әтәч
півень

күсе
щур

песи
кіт

тычкан
миша

эш үгезе
віл

эт
собака

эт оясы
собача будка

бакча шлангысы
садовий шланг

сусипкеч
лійка

чалгы
коса

сабан
плуг

ферма - ферма

урак

серп

китмән

мотика

тирес сәнәге

вила

балта

сокира

кул арбасы

тачка

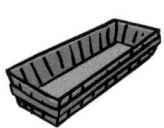

тагарак

корито

сөт өчен бидон

бідон молока

капчык

мішок

койма

паркан

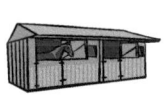

абзар

хлів

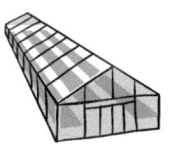

теплица

теплиця

туфрак

ґрунт

чәчү

насіння

ашлама

добриво

комбайн

комбайн

уңыш җыю
....
пожинати

уңыш
....
урожай

ямса
....
корінь ямсу

бодай
....
пшениця

соя
....
соя

бәрәңге
....
картопля

кукуруз
....
кукурудза

рапс
....
ріпак

җимеш агачы
....
плодове дерево

маниок
....
маніок

иген
....
злаки

йорт

дім

морҗа
димохід
кыек
дах
су юлы
водостічний лоток
тәрәзә
вікно
гараж
гараж
кыңгырау
дзвінок
ишек
двері
чүп чиләге
відро для сміття
почта тартмасы
поштова скринька
бакча
сад

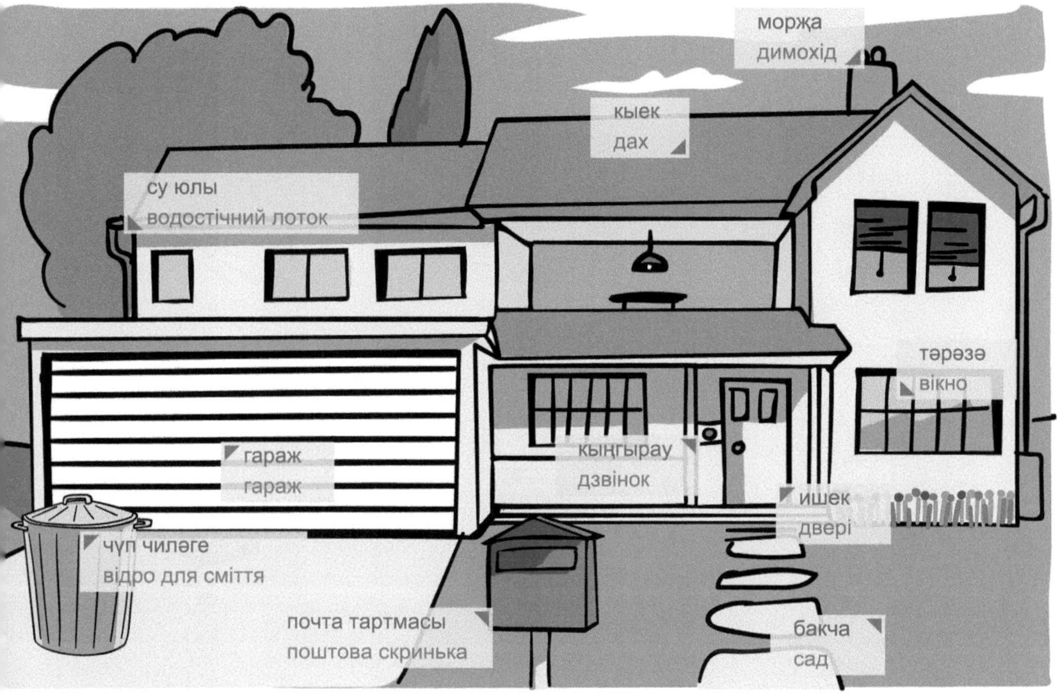

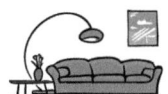

кунак бүлмәсе

вітальня

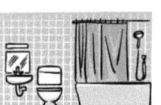

ванна бүлмәсе

ванна кімната

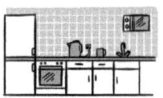

аш бүлмәсе

кухня

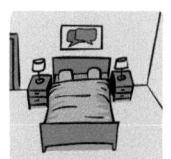

йокы бүлмәсе

спальня

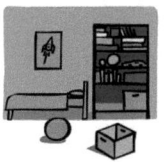

балалар бүлмәсе

дитяча кімната

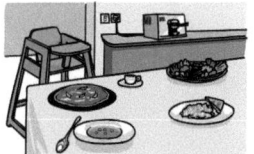

ашханә

їдальня

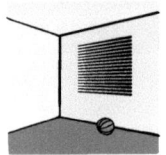

идән

подлога

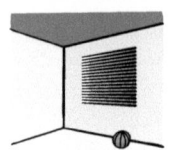

дивар

стіна

түшәм

стеля

баз

підвал

сауна

сауна

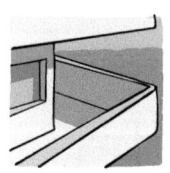

балкон

балкон

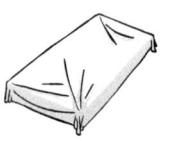

терраса

тераса

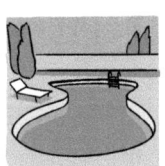

бассейн

басейн

газон чапкыч

косарка

юрган аслыгы

простирало

япма

ковдра

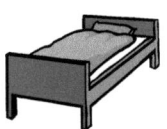

карават

ліжко

себерке

мітла

чиләк

відро

сүндергеч

перемикач

кунак бүлмәсе

вітальня

обойлар
шпалери
рәсем
малюнок
лампа
лампа
киштә
поличка
шкаф
шафа
телевизор
телевізор
камин
камін
чәчәк
квітка
мендәр
подушка
диван
диван
ваза
ваза
дистанцион идарә итү пульты
пульт

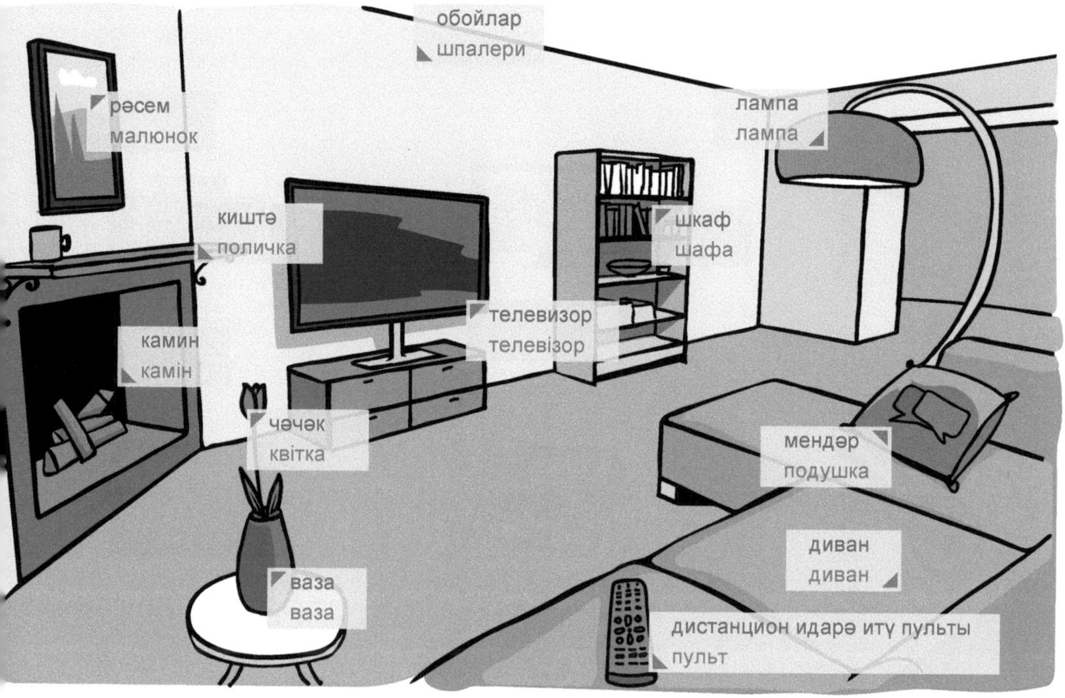

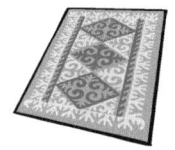

келәм

килим

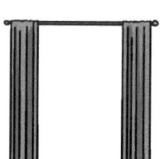

пәрдә

завіса

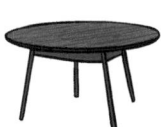

өстәл

стіл

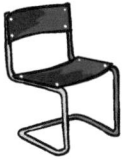

утыргыч

стілець

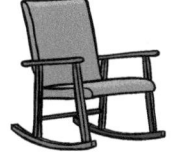

тибрәткеч кәнәфи

крісло-гойдалка

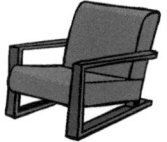

кәнәфи

крісло

китап

книга

япма

ковдра

бизәк

прикраса

утын

дрова

фильм

фільм

стереосистема

стереосистема

ачкыч

ключ

газета

газета

картина

картина

плакат

плакат

радио

радіо

блокнот

блокнот

тузан суыргыч

пилосос

кактус

кактус

шәм

свічка

аш бүлмәсе

кухня

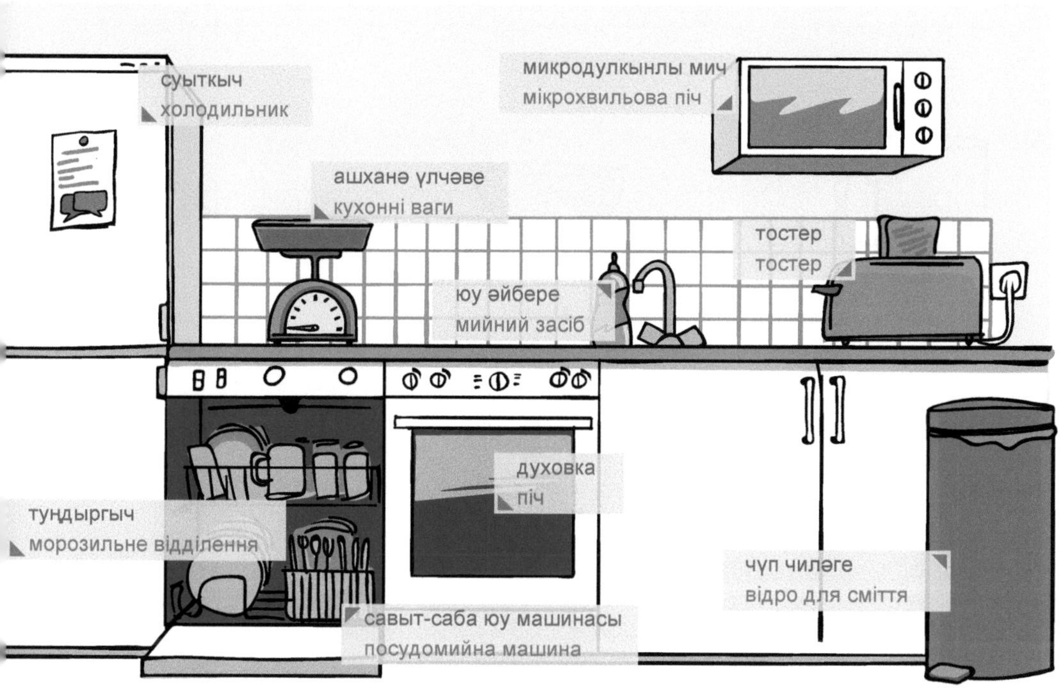
суыткыч
холодильник
микродулкынлы мич
мікрохвильова піч
ашханә үлчәве
кухонні ваги
тостер
тостер
юу әйбере
мийний засіб
духовка
піч
туңдыргыч
морозильне відділення
чүп чиләге
відро для сміття
савыт-саба юу машинасы
посудомийна машина

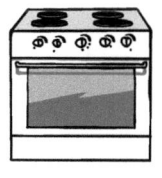

плитә

плита

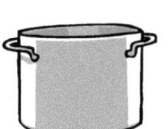

кәстрүл

горщик

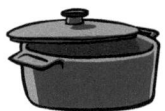

чуен казан

чавунний горщик

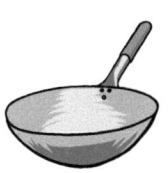

вок / казан

вок / кадай

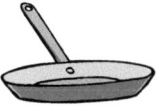

таба

сковорода

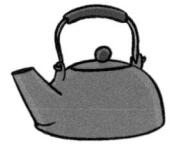

чәйнек

чайник

парда пешергеч

пароварка

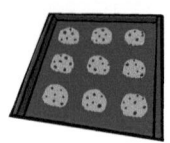

калай таба

лист

савыт-саба

посуд

кружка

кухоль

җамаяк

чаша

таякчык

палички для їжі

аш чүмече

черпак

лопатка

лопатка

туглауыч

вінчик для збивання

иләк

сито

иләк

сито

кыргыч

терка

төйгеч

ступка

гриль

барбекю

учак

багаття

такта

дошка

уклау

качалка

бөке суыргыч

штопор

калай банк

конзерва

консерв ачу өчен пычак

відкривачка

эләктергеч

прихватки

раковина

раковина

щётка

щітка

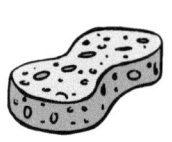

губка

губка

миксер

міксер

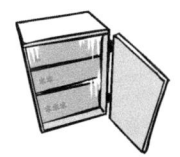

туңдыру камерасы

морозильна камера

ашату өчен шешә

дитяча пляшка

кран

кран

ванна бүлмәсе

ванна кімната

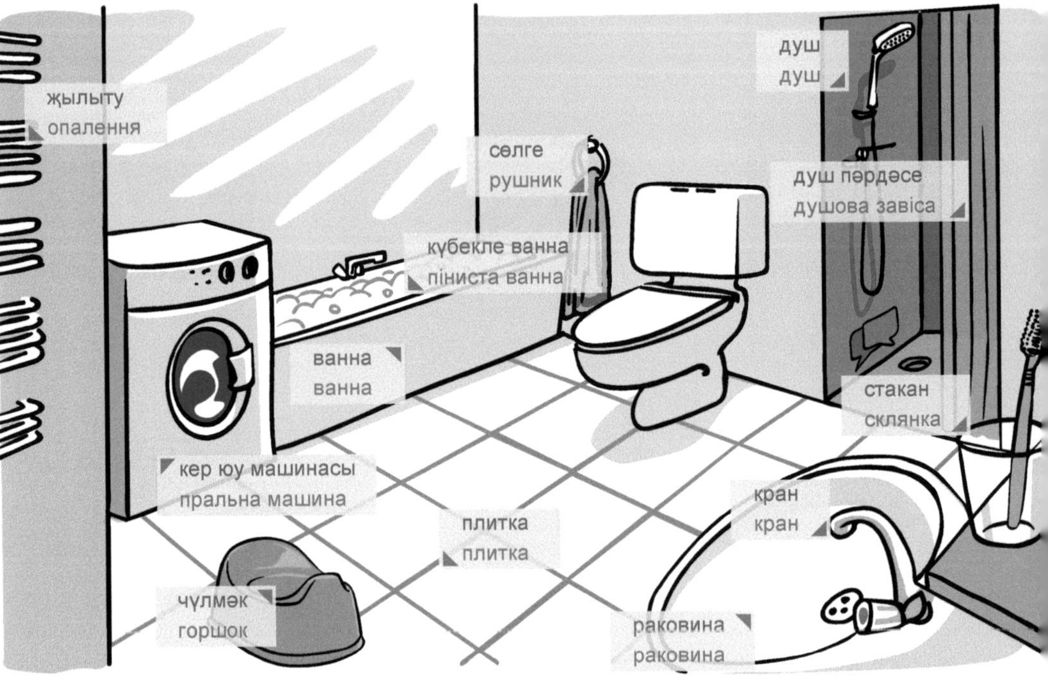

жылыту
опалення
сөлге
рушник
душ
душ
душ пәрдәсе
душова завіса
күбекле ванна
піниста ванна
ванна
ванна
стакан
склянка
кер юу машинасы
пральна машина
кран
кран
плитка
плитка
чүлмәк
горшок
раковина
раковина

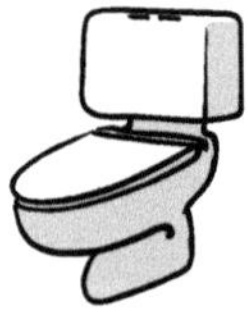

бәдрәф

туалет

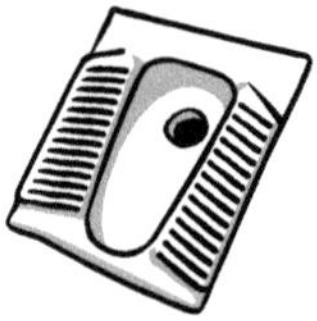

унитаз

підлоговий туалет

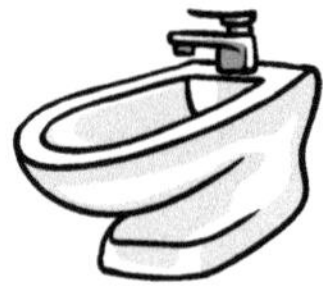

биде

біде

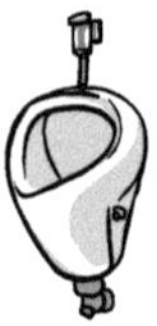

писсуар

пісуар

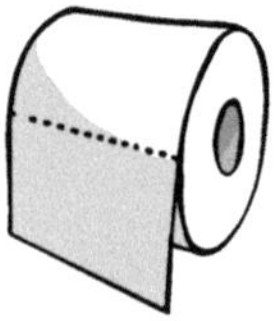

бәдрәф кәгазе

туалетний папір

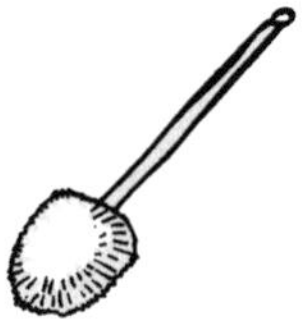

керпе кебек чистарткыч

щітка для туалету

теш щеткасы

зубна щітка

теш пастасы

зубна паста

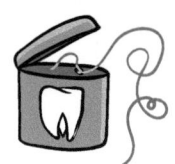

теш жебе

нитка для чищення зубів

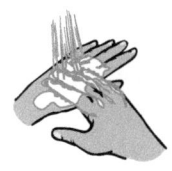

юу

мити

кул душы

ручний душ

душ

інтимний душ

оча сөяге

таз

аврка өчен щетка

щітка для спини

сабын

мило

душ өчен гель

гель для душу

шампунь

шампунь

мунчала

мочалка

агым

водостік

крем

крем

дезодорант

дезодорант

көзге

дзеркало

кул көзгесе

косметичне дзеркало

пәке

бритва

кырыну өчен күбек

піна для гоління

Кырынаганнан соң
кулланыла торган лосьон

лосьйон після гоління

тарак

гребінь

щётка

щітка

фен

фен

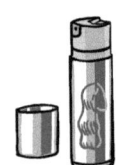

чәчләр лагы

лак для волосся

косметика

косметика

ирен буявы

губна помада

тырнаклар лагы

лак для нігтів

мамык

вата

маникюр кайчысы

ножиці для нігтів

хушбуй

парфум

ванна бүлмәсе - ванна кімната

косметика савыты

косметичка

урындык

табурет

үлчәү

ваги

халат

халат

резин перчаткалар

гумові рукавички

тампон

тампон

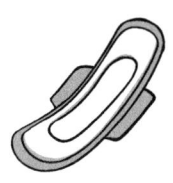

гигиена жәймәсе

гігієнічні прокладки

биотуалет

біотуалет

балалар бүлмәсе

дитяча кімната

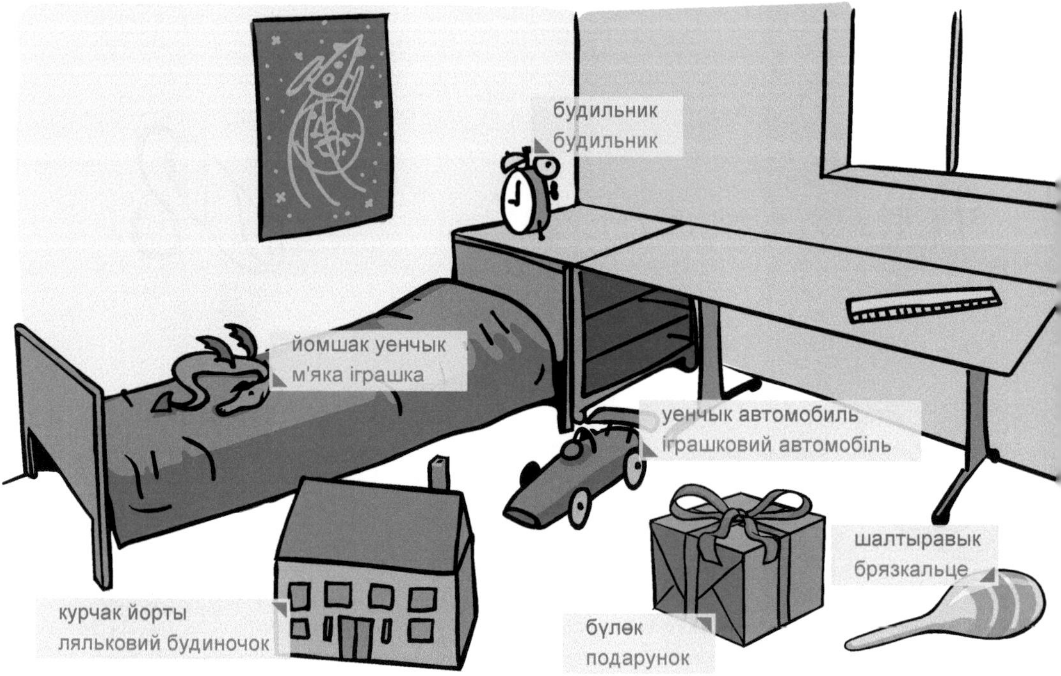

будильник
будильник
йомшак уенчык
м'яка іграшка
уенчык автомобиль
іграшковий автомобіль
шалтыравык
брязкальце
курчак йорты
ляльковий будиночок
бүләк
подарунок

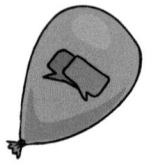

һава шары

повітряна кулька

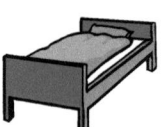

карават

ліжко

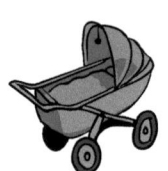

балалар коляскасы

дитячий візок

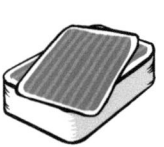

кәрт уены

картярська гра

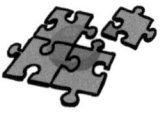

пазл

пазл

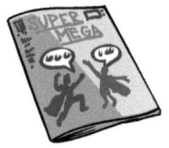

комикс

комікс

Лего кирпечекләре

лего цеглинки

шакмак

блоки

уенчык

іграшкова фігурка

ползунки

повзунки

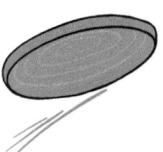

фрисби

фризбі

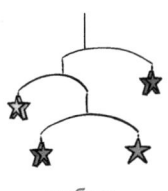

мобиль

мобіле

өстәл уены

настільна гра

шакмак

кубик

тимер юл моделе

модель залізнична станція

имезлек

соска

кичә

вечірка

рәсемнәр белән бизәлгән китап

книжка з картинками

туп

м'яч

курчак

лялька

уйнау

грати

комлык

пісочниця

таган

гойдалка

уенчык

іграшка

уен приставкасы

гральна консоль

өч көпчәкле велосипед

триколісний велосипед

плюш аю

плюшевий мішка

кием-салым шкафы

шафа

кием

одяг

оекбаш

шкарпетки

оек

панчохи

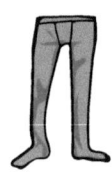

колготки

колготки

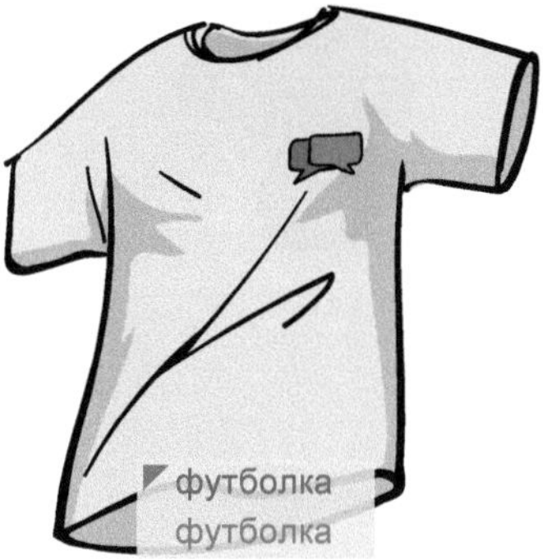

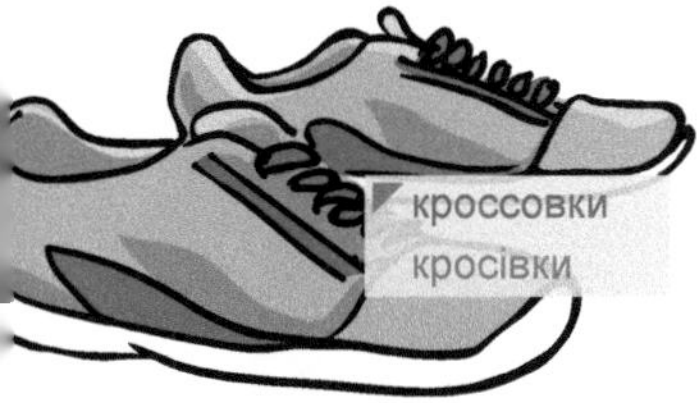

шарф
шарф

каеш
ремінь

зонт
парасоля

футболка
футболка

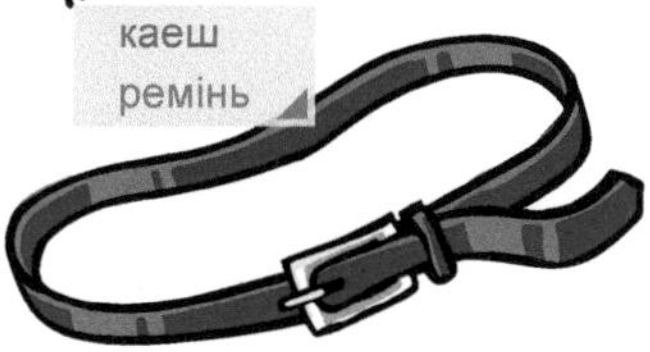

кроссовки
кросівки

итек
чоботи

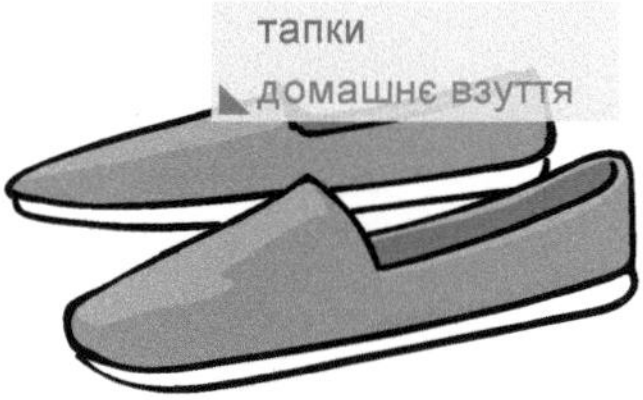

тапки
домашнє взуття

сандаллар	ботинкалар	резин итекләр
сандалі	взуття	гумові чоботи

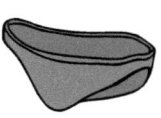

трусик
труси

бюстгальтер
бюстгальтер

майка
нижня сорочка

боди

боді

чалбар

штани

джинсы

джинси

итәк

спідниця

блузка

блузка

күлмәк

сорочка

свитер

пуловер

свитер

светр

спорт курткасы

піджак

жакет

куртка

пәлтә

пальто

плащ

дощовик

костюм

костюм

күлмәк

сукня

туй күлмәге

весільна сукня

ирләр костюмы

костюм

төнге эчке күлмәк

нічна сорочка

пижама

піжама

сари

сарі

яулык

головна хустка

чалма

чалма

пәрәнҗә

бурка

кафтан

кафтан

абайя

абая

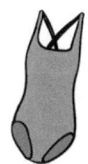

коену костюмы

купальник

плавки

плавки

шорт

шорти

спорт костюмы

тренувальний костюм

алъяпкыч

фартух

перчаткалар

рукавички

тәймә

гудзик

күзлек

окуляри

беләзек

браслет

чылбыр

ланцюг

балдак

кільце

алка

сережка

бүрек

шапка

элгеч

плічка

эшләпә

капелюх

галстук

краватка

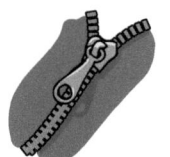

молния каптырмасы

застібка-блискавка

каска

шолом

подтяжка

підтяжки

мәктәп формасы

шкільна форма

форма

уніформа

балалар күкрәкчәсе

нагрудник

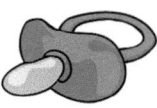

имезлек

соска

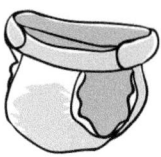

подгузник

підгузок

сервер
сервер

канцелярия шкафы
шаф для документів

принтер
принтер

монитор
монітор

кәгазь
папір

мышка
миша

язу өстәле
письмовий стіл

папка
папка

клавиатура
синтезатор

кәгазь өчен кәрҗин
кошик для паперу

компьютер
комп'ютер

утыргыч
стілець

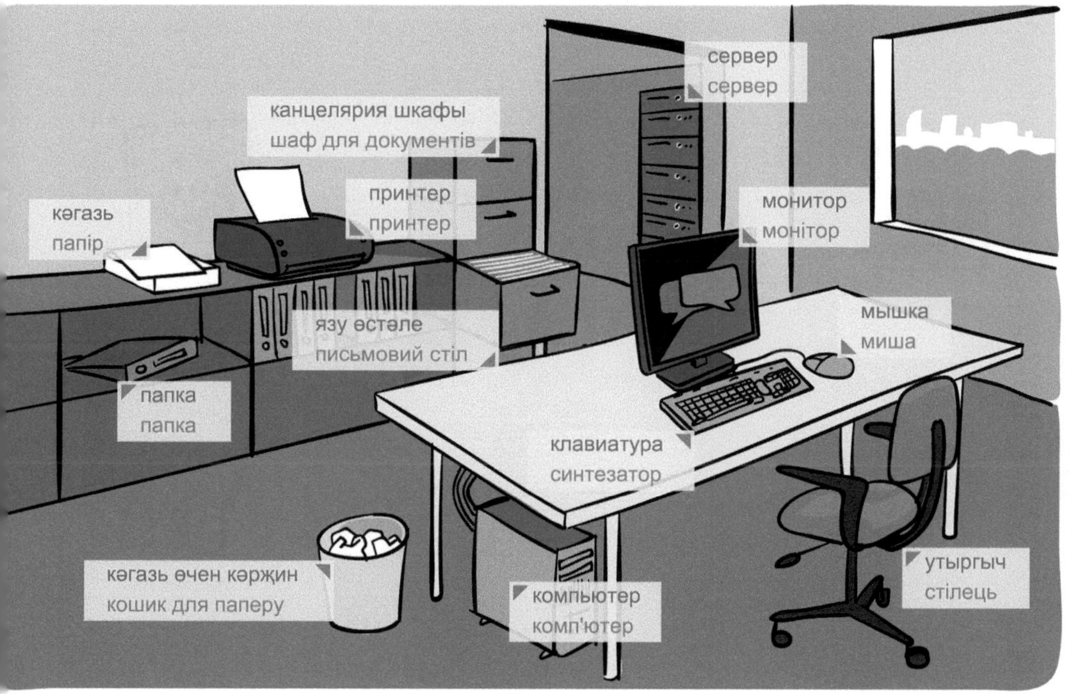

кофе кружкасы

кавовий кухоль

калькулятор

калькулятор

интернет

інтернет

ноутбук

ноутбук

хат

лист

хәбәр

повідомлення

кесә телефоны

мобільний телефон

челтәр

мережа

ксерокс

копіювальний пристрій

программа

програмне забезпечення

телефон

телефон

розетка

розетка

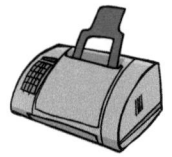

факс

факс

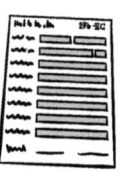

формуляр

бланк

документ

документ

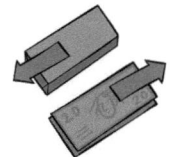

сатып алу

купувати

түләу

платити

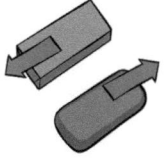

сәудә

торгувати

акча

гроші

доллар

долар

евро

євро

иена

ієна

сум

рубль

франк

франк

жэньминьби юань

юанів женьміньбі

рупия

рупія

банкомат

банкомат

валюта алмаштыру
пункты
обмінний пункт

алтын
золото

көмеш
срібло

жир мае
нафта

энергия
енергія

бәя
ціна

килешү
контракт

салым
податок

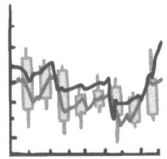

акция
акція

эш
працювати

эшче
працівник

эш бирүче
роботодавець

фабрика
фабрика

кибет
магазин

професcиялəр

професії

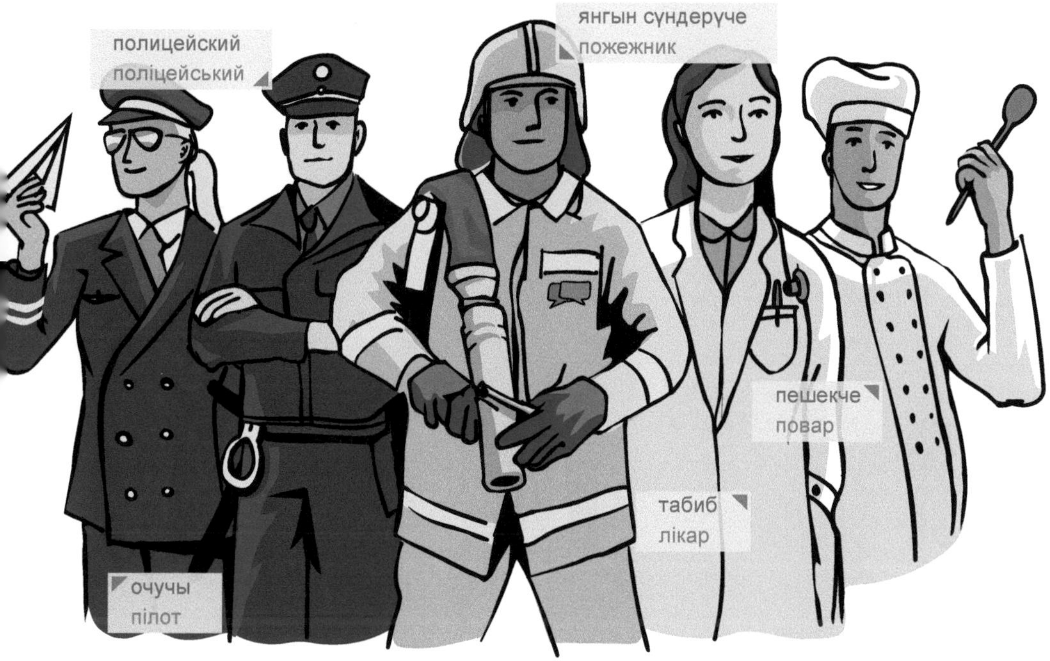
полицейский
поліцейський
янгын сүндерүче
пожежник
пешекче
повар
табиб
лікар
очучы
пілот

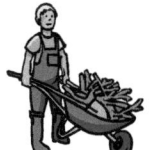

бакчачы

садівник

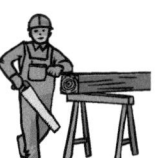

агач остасы

столяр

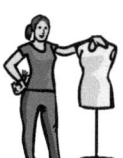

тегүче

швачка

хаким

суддя

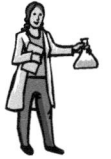

химик

хімік

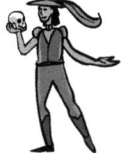

актер

актор

автобус йөртүче

водій автобуса

таксист

таксист

балыкчы

рибалка

җыештыручы хатын

прибиральниця

түбә ябучы

покрівельник

официант

офіціант

аучы

мисливець

рәссам

художник

пешекче

пекар

электрик

електрик

төзүче

будівельник

инженер

інженер

итче

забійник

сантехник

бляхар

хат ташучы

листоноша

солдат

солдат

архитектор

архітектор

кассир

касир

чәчәкче

флорист

парикмахер

перукар

кондуктор

кондуктор

механик

механік

капитан

капітан

теш табибы

дантист

галим

вчений

раввин

рабин

имам

імам

монах

монах

рухани

пастор

кораллар
інструменти

чүкеч
молоток
плоскогубцы
щипці
отвертка
викрутка
гайкалы ачкыч
гайковий ключ
кесә фонаре
кишеньковий лі

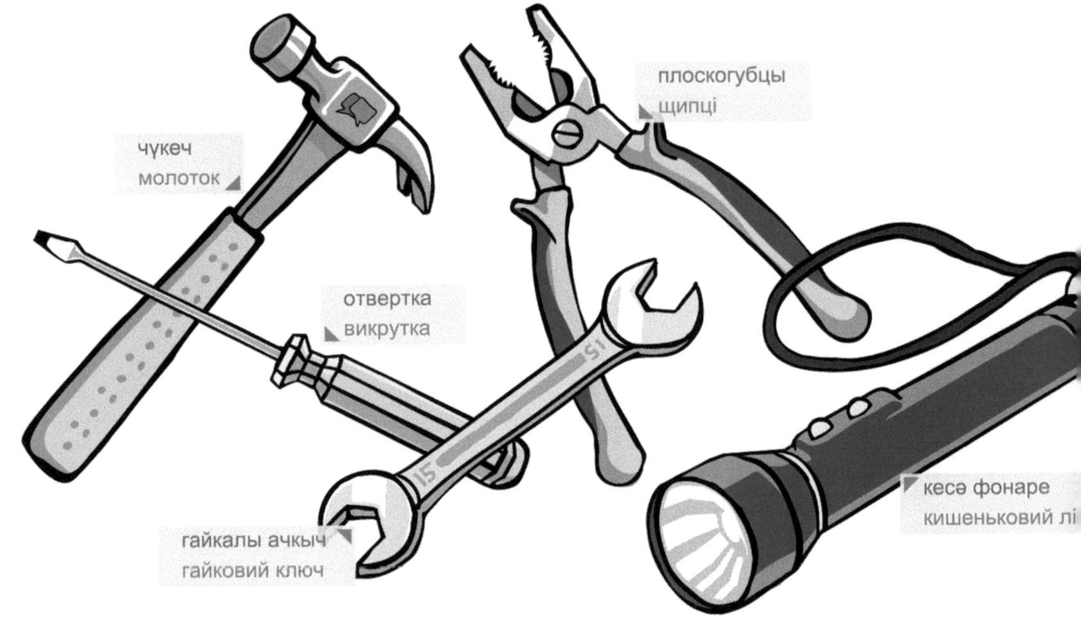

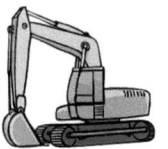

экскаватор

екскаватор

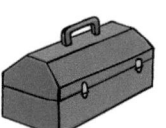

инструментлар өчен тартма

ящик для інструментів

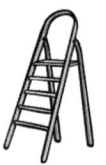

баскыч

драбина

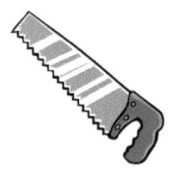

пычкы

пилка

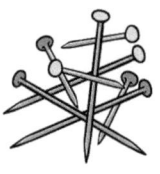

кадаклар

цвяхи

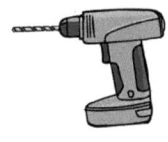

дрель

свердло

төзәтү

ремонтувати

көрәк

лопата

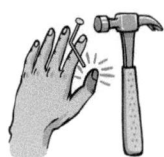

Шайтан алгыры!

лайно!

соскы

совок

савытлы буяу

відро з фарбою

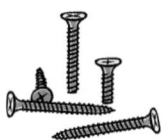

винтлар

гвинти

музыкаль инструментлар

музичні інструменти

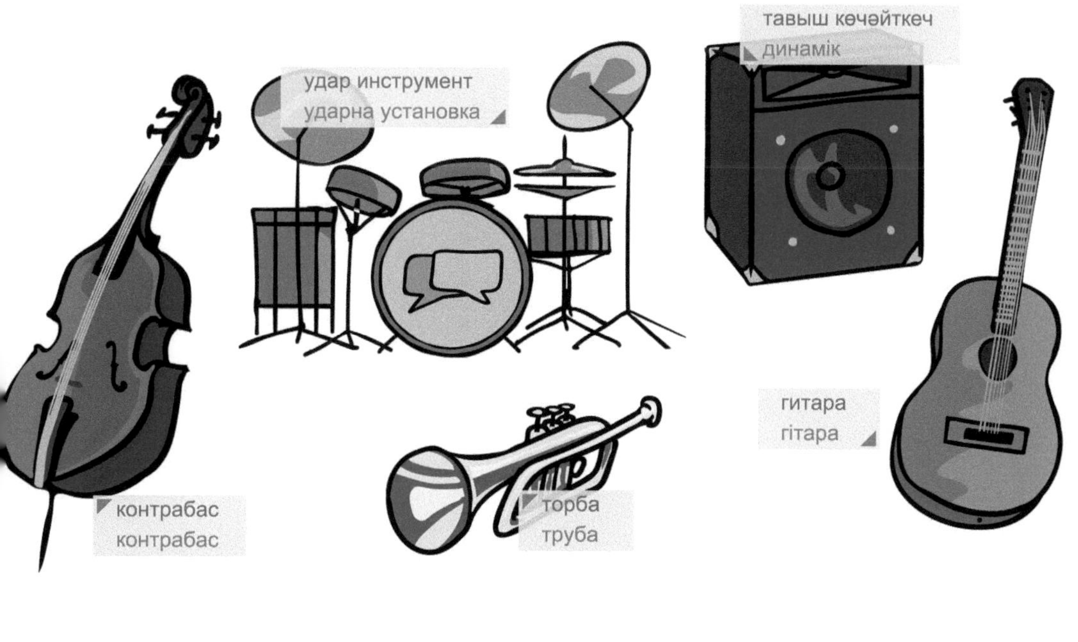

тавыш көчәйткеч
динамік

удар инструмент
ударна установка

гитара
гітара

контрабас
контрабас

торба
труба

пианино

фортепіано

скрипка

скрипка

бас-гитара

бас

литавра

литаври

барабан

барабан

синтезатор

клавіатура

саксофон

саксофон

флейта

флейта

микрофон

мікрофон

зоопарк

зоопарк

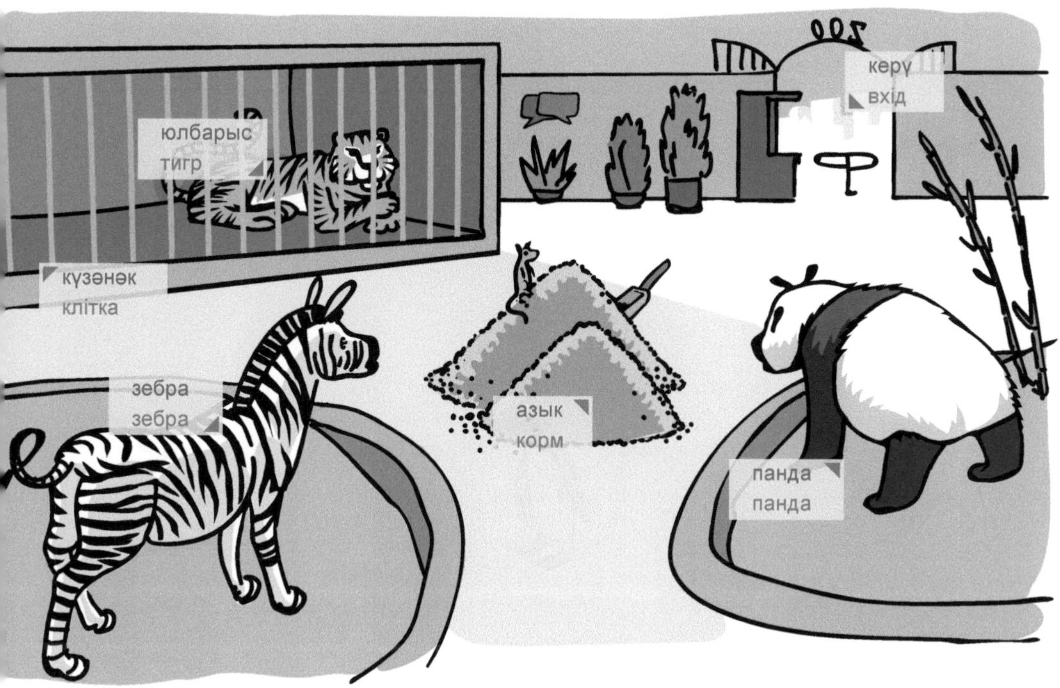

юлбарыс
тигр
керү
вхід
күзәнәк
клітка
зебра
зебра
азык
корм
панда
панда

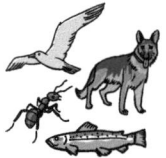

хайваннар

тварини

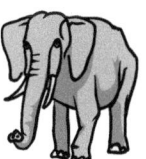

фил

слон

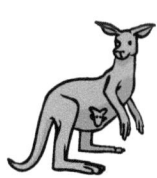

көнгерә

кенгуру

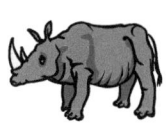

мөгезборын

носоріг

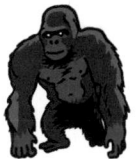

горилла

горила

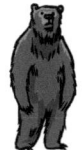

аю

ведмідь

дөя

верблюд

тәвә кошы

страус

арыслан

лев

маймыл

мавпа

фламинго

фламінго

тутый кош

папуга

ак аю

білий ведмідь

пингвин

пінгвін

акула

акула

тавис

павич

елан

змія

крокодил

крокодил

зоопарк хезмәткәре

працівник зоопарку

тюлень

тюлень

ягуар

ягуар

зоопарк - зоопарк

пони
поні

каплан
леопард

су үгезе
гіпопотам

жираф
жираф

бөркет
орел

кабан дуңгызы
кабан

балык
риба

ташбака
черепаха

морж
морж

төлке
лисиця

газәл
газель

америка футболы
американський футбол

велосипедта йөрү
їзда на велосипеді

теннис
теніс

баскетбол
баскетбол

йөзү
плавання

бокс
бокс

хоккей
хокей

футбол
футбол

бадминтон
бадмінтон

җиңел атлетика
легка атлетика

гандбол
гандбол

чаңгы спорты
лижні перегони

поло
поло

сикерү
стрибати

көлү
сміятися

кочаклау
обіймати

бару
йти

жырлау
співати

хыяллану
мріяти

гыйбадәт кылу
молитися

үбү
цілувати

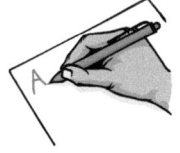

язу
писати

рәсем ясау
малювати

күрсәтү
показувати

басу
тиснути

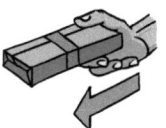

бирү
давати

алу
брати

үзеңдә булдыру

мати

эшләү

робити

булу

бути

басып тору

стояти

йөгерү

бігати

тарту

тягнути

ташлау

кидати

егылу

падати

яту

лежати

көтү

очікувати

йөртү

носити

утыру

сидіти

кию

одягати

йоклау

спати

уяну

просипатися

карау

дивитися

елау

плакати

үтекләү

гладити

тарау

розчісувати

әйтү

розмовляти

аңлау

розуміти

сорау

питати

тыңлау

слухати

эчү

пити

ашау

їсти

тәртипкә китерү

прибирати

сөю

любити

әзерләү

варити

машинада бару

їхати

очу

літати

Җилкәндә йөрү

йти під вітрилом

исәпләү

рахувати

уку

читати

уку

вчитися

эш

працювати

никахлашу

одружуватися

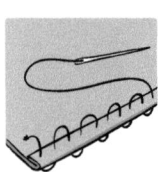

тегү

шити

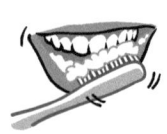

тешләрне чистарту

чистити зуби

үтерү

убивати

тәмәке тарту

курити

җибәрү

посилати

гаилә

сім'я

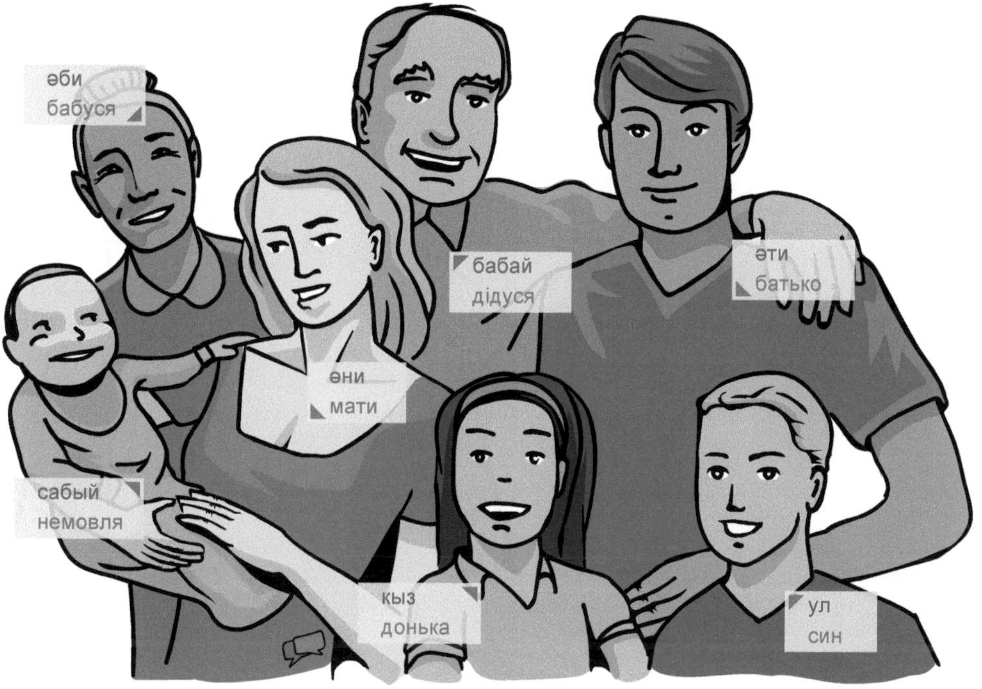

әби
бабуся
бабай
дідуся
әти
батько
әни
мати
сабый
немовля
кыз
донька
ул
син

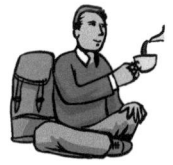

кунак

гість

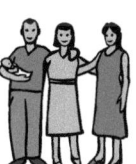

түти

тітка

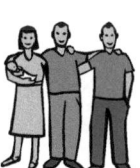

абый

дядько

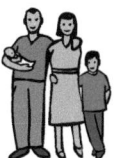

кардәш

брат

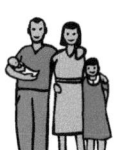

апа

сестра

тән

тіло

маңгай
чоло
күз
око
кулбаш
плече
бармак
палець
бит
обличчя
ияк
підборіддя
кул чугы
кисть
аяк
нога
күкрәк
груди
кул
рука

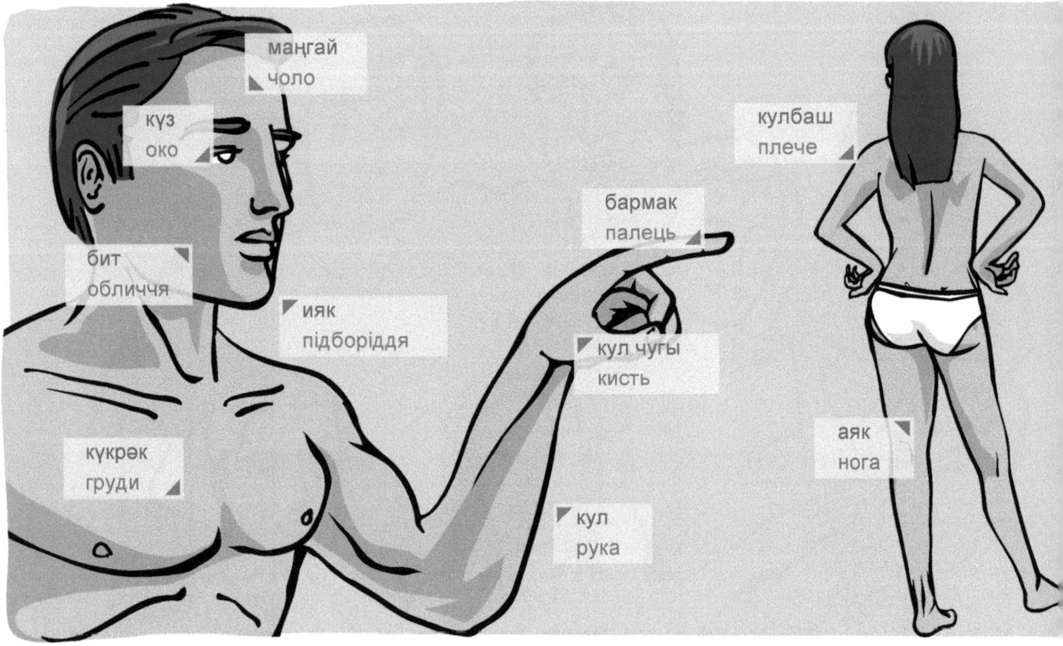

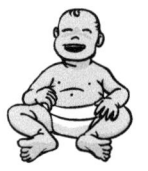

сабый

немовля

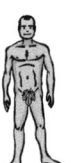

ир

чоловік

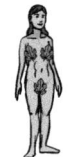

хатын

жінка

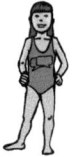

кыз

дівчина

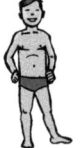

малай

хлопчик

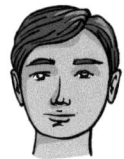

баш

голова

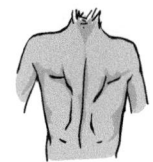

арка

спина

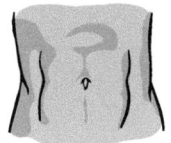

эч

живіт

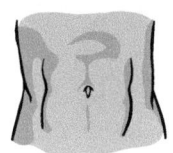

кендек

пуп

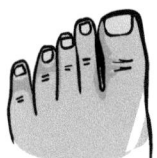

аяк бармагы

палець ноги

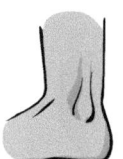

үкчө

п'ята

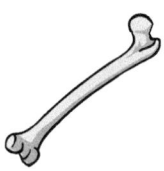

сөяк

кістка

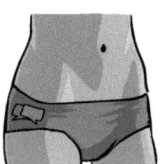

бот

стегно

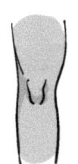

тез

коліно

терсәк

лікоть

борын

ніс

арт сан

сідниці

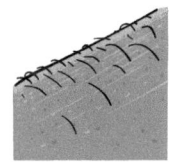

тире

шкіра

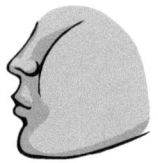

яңак

щока

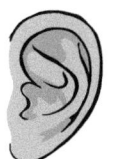

колак

вухо

ирен

губа

тән - тіло

авыз

рот

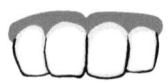

теш

зуб

тел

язик

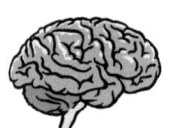

ми

мозок

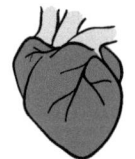

йөрәк

серце

мускул

м'яз

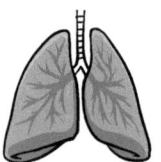

үпкәләр

легені

бавыр

печінка

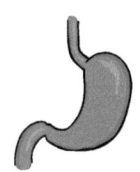

ашказан

шлунок

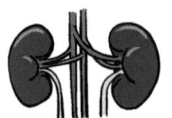

бөерләр

нирки

җенси акт

статевий акт

презерватив

презерватив

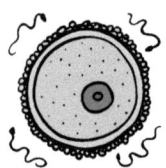

күкәйлек

яйцеклітина

сперма

сперма

көмәнлек

вагітність

70   тән - тіло

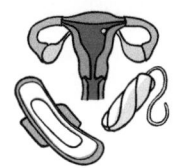

күрем
....
менstruація

вагина
....
вагіна

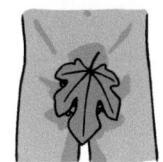

пенис
....
пеніс

каш
....
брова

чәчләр
....
волосся

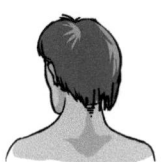

муен
....
шия

хастаханә
лікарня

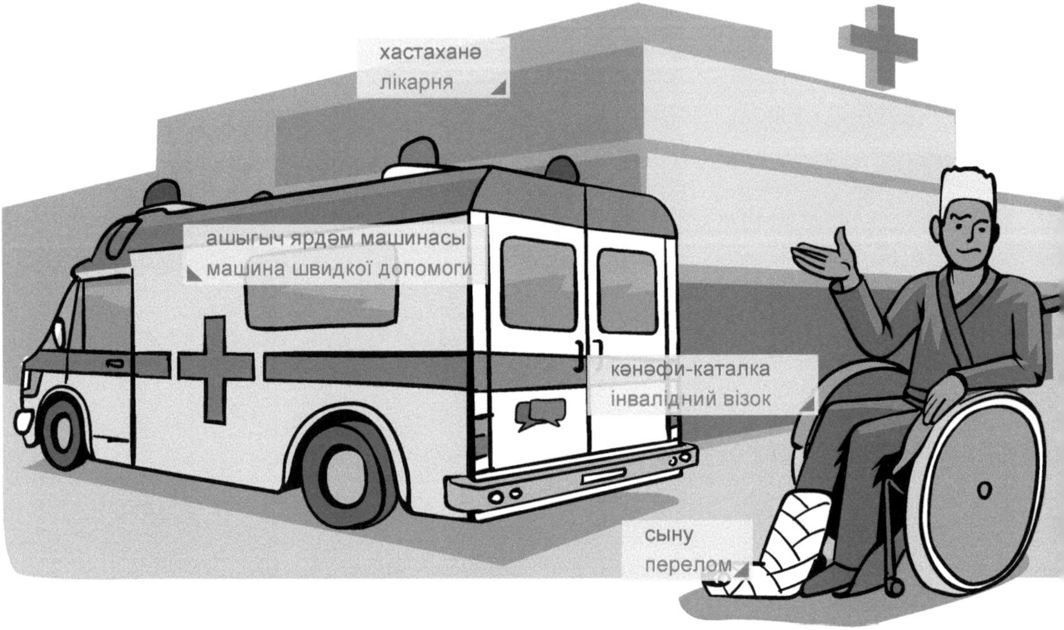

хастаханә
лікарня
ашыгыч ярдәм машинасы
машина швидкої допомоги
кәнәфи-каталка
інвалідний візок
сыну
перелом

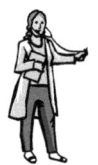

табиб

лікар

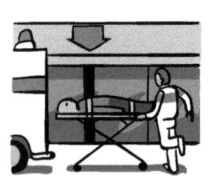

беренче ярдәм пункты

відділення швидкої медичної допомоги

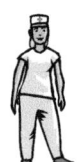

шәфкать туташы

медсестра

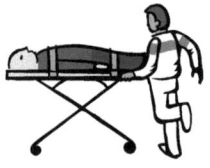

кичектергесез хәл

аварійний випадок

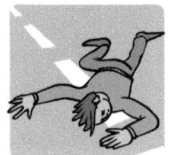

аңсыз

непритомний

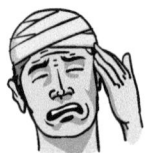

авырту

біль

зыян килү

травма

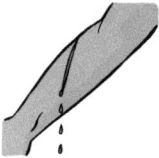

кан агу

кровотеча

инфаркт

інфаркт

инсульт

інсульт

аллергия

алергія

ютәл

кашель

югары температура

лихоманка

грипп

грип

эч киту

пронос

баш авырту

головна біль

кысла

рак

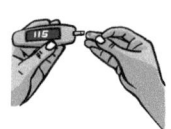

диабет

діабет

хирург

хірург

скальпель

скальпель

операция

операція

КТ

КТ

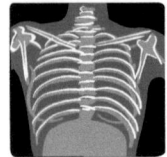

рентген

рентген

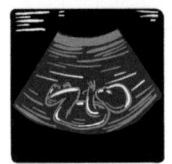

ультратавыш

ультразвук

битлек

маска

авыру

хвороба

кабул итү бүлмәсе

зал очікування

култык таягы

милиця

пластырь

пластир

бинт

пов'язка

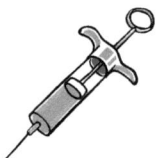

укол кадау

ін'єкція

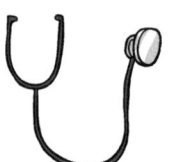

стетоскоп

стетоскоп

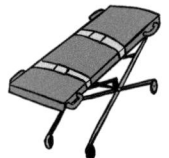

носилки

ноші

термометр

термометр

туу

народження

артык авырлык

надмірна вага

колак аппараты

слуховий апарат

йогышсызландыру чарасы

дезінфікуючий засіб

инфекция

інфекція

вирус

вірус

ВИЧ / СПИД

ВІЛ / СНІД

дару

медицина

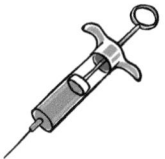

прививка

вакцинація

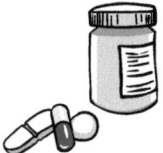

таблеткалар

таблетки

балага узмас өчен
таблетка

протизаплідна пігулка

ашыгыч чакыру

екстрений виклик

кан басымын үлчәү өчен
прибор

тонометр

авыру / сәламәт

хворий / здоровий

Ярдәм итегез!

Допоможіть!

тревога сигналы

сигнал тривоги

һөҗүм итү

напад

һөҗүм

атака

куркыныч

небезпека

запас чыгу урыны

аварійний вихід

Янгын!

Вогонь!

ут сүндергеч

вогнегасник

каза

аварія

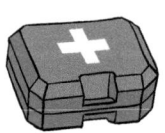

дарухәнә

аптечка

SOS

СОС

полиция

поліція

Европа

Європа

Төньяк Америка

Північна Америка

Көньяк Америка

Південна Америка

Африка

Африка

Азия

Азія

Австралия

Австралія

Атлантик океан

Атлантика

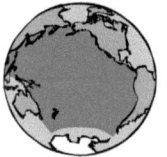

Тын океан

Тихий океан

Һинд океаны

Індійський океан

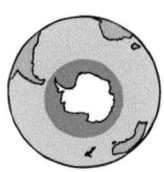

Антарктик океан

Антарктичний океан

Төньяк Боз океаны

Північний Льодовитий океан

Төньяк полюс

Північний полюс

Көньяк полюс

Південний полюс

Антарктика

Антарктика

җир

Земля

коры җир

суша

диңгез

море

утрау

острів

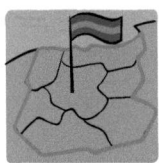

милләт

нація

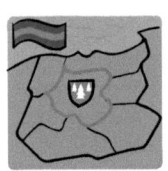

дәүләт

держава

җир - Земля

сәгать циферблаты

циферблат

сәгать угы

годинникова стрілка

минут угы

хвилинна стрілка

секунд угы

секундна стрілка

Әле сәгать ничә?

Котра година?

көн

день

вакыт

час

хәзер

зараз

электрон сәгать

цифровий годинник

минут

хвилина

сәгать

година

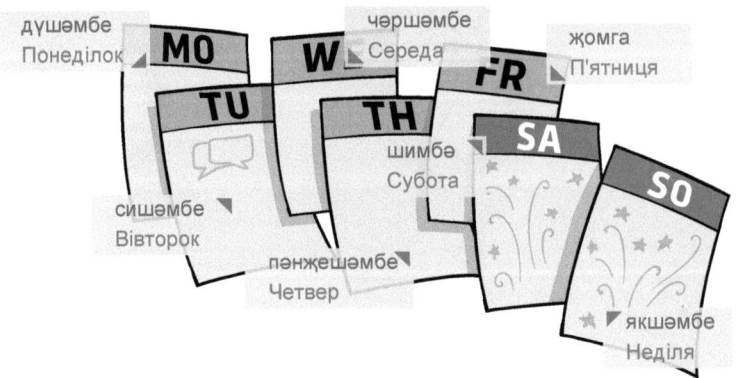

дүшәмбе
Понеділок — **MO**

W — чөршәмбе
Середа

жомга
П'ятниця — **FR**

TU

TH

SA

SO

сишәмбе
Вівторок

пәнжешәмбе
Четвер

шимбә
Субота

якшәмбе
Неділя

кичә
вчора

бүген
сьогодні

иртәгә
завтра

иртә
ранок

төш
опівдні

кич
вечір

MO	TU	WE	TH	FR	SA	SU
1	2	3	4	5	6	7
8	9	10	11	12	13	14
15	16	17	18	19	20	21
22	23	24	25	26	27	28
29	30	31	1	2	3	4

эш көннәре
робочі дні

MO	TU	WE	TH	FR	SA	SU
1	2	3	4	5	6	7
8	9	10	11	12	13	14
15	16	17	18	19	20	21
22	23	24	25	26	27	28
29	30	31	1	2	3	4

ял көннәре
кінець робочого тижня

ел

рік

яңгыр
дощ
салават күпере
веселка
кар
сніг
җил
вітер
яз
весна
көз
осінь
җәй
літо
кыш
зима

4.APRIL 11°
5.APRIL 4°
6.APRIL 13°
7.APRIL 8°
8.APRIL 10°

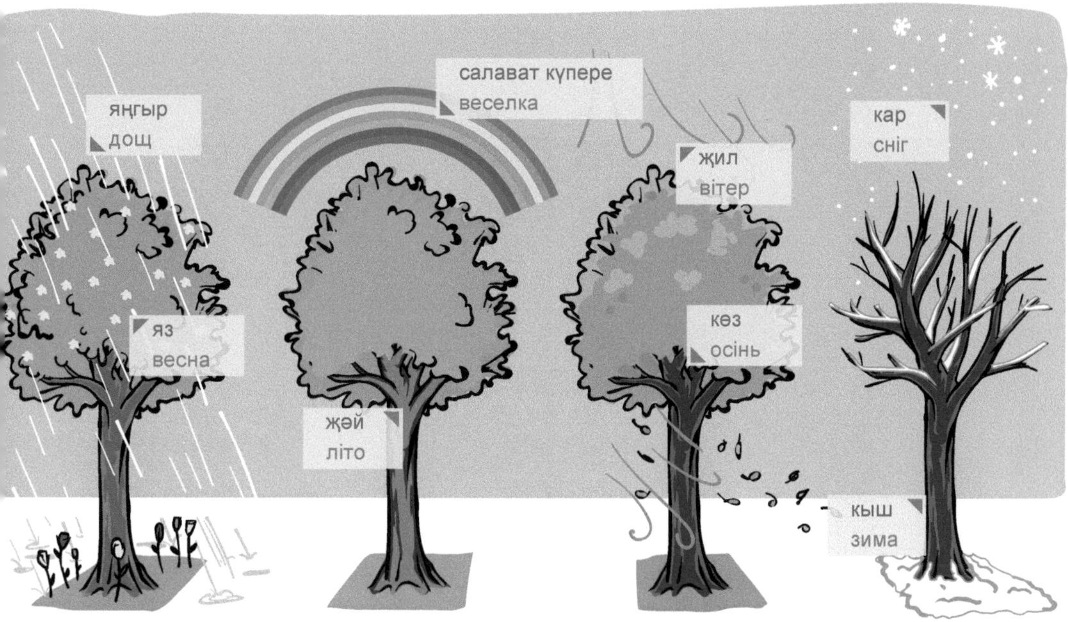

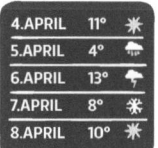

һава торышы

прогноз погоди

F
C
120
90
60
30
0
-30
40
30
20
10
0
-10
-20

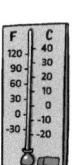

термометр

термометр

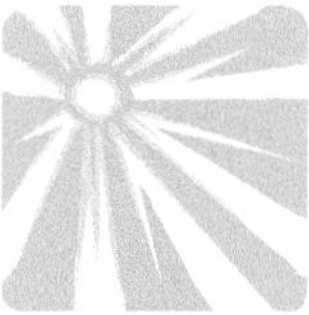

кояш яктысы

сонячне світло

болыт

хмара

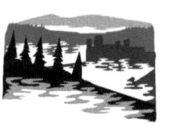

томан

туман

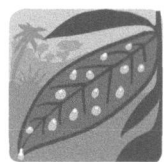

дымлылык

вологість повітря

яшен

блискавка

күк күкрәү

грім

давыл

шторм

боз

град

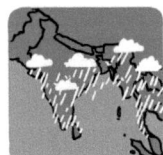

муссон

мусон

су басу

повінь

боз

лід

гыйнвар

Січень

февраль

Лютий

март

Березень

апрель

Квітень

май

Травень

июнь

Червень

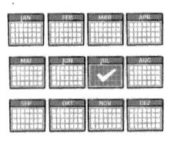

июль

Липень

август

Серпень

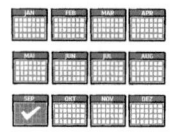

сентябрь

Вересень

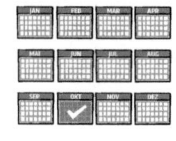

октябрь

Жовтень

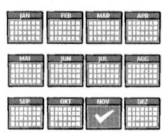

ноябрь

Листопад

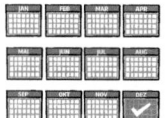

декабрь

Грудень

формалар
форми

божра

круг

квадрат

квадрат

турыпочмак

прямокутник

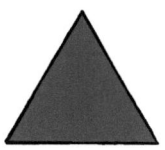

өчпочмак

трикутник

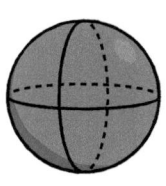

шар

куля

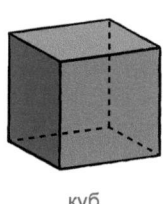

куб

куб

ак
....
білий

сары
....
жовтий

кызгылт сары
....
помаранчевий

ал
....
рожевий

кызыл
....
червоний

шәмәхә
....
фіолетовий

зәңгәр
....
синій

яшел
....
зелений

көрән
....
коричневий

соры
....
сірий

кара
....
чорний

күп / аз

багато / мало

усал / тыныч

лютий / мирний

матур / ямьсез

гарний / бридкий

башы / ахыры

початок / кінець

зур / кечкенә

великий / малий

якты / караңгы

світлий / темний

абый / эне

брат / сестра

чиста / пычрак

чистий / брудний

тулы / тулы түгел

завершений /
незавершений

көн / төн

день / ніч

үле / тере

мертвий / живий

киң / тар

широкий / вузький

ашарга яраклы / ашарга
яраксыз

їстівний / неїстівний

явыз / яхшы

злий / дружній

дулкынланган / сагынган

збуджений / нудьгуючий

юан / ябык

товстий / тонкий

башта / азакта

спочатку / востаннє

дус / дошман

друг / ворог

тулы / буш

повний / порожній

каты / йомшак

жорсткий / м'який

авыр / җиңел

важкий / легкий

ачлык / сусау

голод / спрага

авыру / сәламәт

хворий / здоровий

хокуксыз / хокуклы

незаконний / законний

акыллы / акылсыз

розумний / дурний

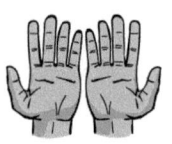

сулдан / уңнан

вліво / вправо

якын / ерак

поруч / далеко

яңа / тотылган

новий / використаний

бер нәрсә дә / нәрсәдер

нічого / щось

өлкән / яшь

старий / молодий

тоташтырылган /
сүндерелгән

вкл / викл

ачык / ябык

відкрито / закрито

әкрен / кычкырып

тихо / гучно

бай / ярлы

багатий / бідний

дөрес / дөрес түгел

правильно / неправильно

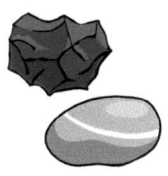

кытыршы / шома

шорсткий / гладкий

моңсу / бәхетле

сумний / щасливий

кыска / озын

короткий / довгий

җай / тиз

повільно / швидко

дымлы / коры

вологий / сухий

җылы / салкын

гарячий / холодний

сугыш / тынычлык

війна / мир

0

ноль

нуль

1

бер

один

2

ике

два

3

өч

три

4

дүрт

чотири

5

биш

п'ять

6

алты

шість

7

җиде

сім

8

сигез

вісім

9

тугыз

дев'ять

10

ун

десять

11

унбер

одинадцять

12

унике

дванадцять

13

унөч

тринадцять

14

ундүрт

чотирнадцять

15

унбиш

п'ятнадцять

16

уналты

шістнадцять

17

унҗиде

сімнадцять

18

унсигез

вісімнадцять

19

унтугыз

дев'ятнадцять

20

егерме

двадцять

100

йөз

сто

1.000

мең

тисяча

1.000.000

миллион

мільйон

саннар - числа

инглизчэ

англійська

американча инглиз

американська англійська

мандаринча Кытай

китайська
високочиновницька

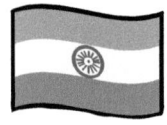

hинди

хінді

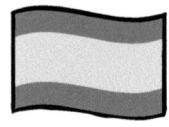

испан

іспанська

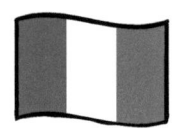

француз

французька

гарэп

арабська

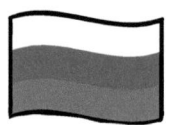

рус

російська

португал

португальська

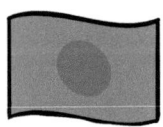

бенгал

бенгальська

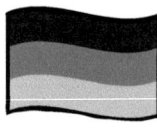

алман

німецька

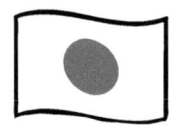

япон

японська

мин

я

син

ти

ул / ул / ул

він / вона / воно

без

ми

сез

ви

алар

вони

кем?

хто?

нәрсә?

що?

ничек?

як?

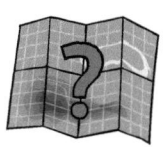

кайда?

де?

кайчан?

коли?

исем

ім'я

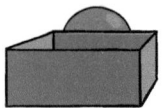

артта

ззаду

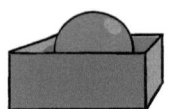

эчендә

в

алда

перед

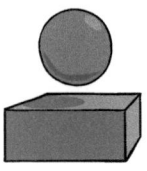

өстендә

над

өстенә

на

астында

під

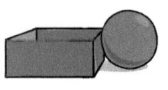

янәшә

біля

арасында

між

урын

місце